Anne van Stappen

Caderno de exercícios para cultivar a alegria de viver no cotidiano

Ilustrações de Jean Augagneur

Tradução de Stephania Matousek

EDITORA VOZES

Petrópolis

© Éditions Jouvence, 2010
Chemin du Guillon 20
Case 184
CH-1233 — Bernex
http://www.editions-jouvence.com
info@editions-jouvence.com

Tradução realizada a partir do original
em francês intitulado
*Petit cahier d'exercices pour cultiver sa
joie de vivre au quotidien*

Direitos de publicação em língua
portuguesa — Brasil.
2013, Editora Vozes Ltda.
Rua Frei Luís, 100
25689-900 Petrópolis, RJ
www.vozes.com.br
Brasil

Todos os direitos reservados. Nenhuma
parte desta obra poderá ser reproduzida
ou transmitida por qualquer forma e/ou
quaisquer meios (eletrônico ou mecânico,
incluindo fotocópia e gravação) ou
arquivada em qualquer sistema ou banco de
dados sem permissão escrita da editora.

CONSELHO EDITORIAL

Diretor
Volney J. Berkenbrock

Editores
Aline dos Santos Carneiro
Edrian Josué Pasini
Marilac Loraine Oleniki
Welder Lancieri Marchini

Conselheiros
Elói Dionísio Piva
Francisco Morás
Teobaldo Heidemann
Thiago Alexandre Hayakawa

Secretário executivo
Leonardo A.R.T. dos Santos

PRODUÇÃO EDITORIAL

Aline L.R. de Barros
Anna Catharina Miranda
Eric Parrot
Jailson Scota
Marcelo Telles
Mirela de Oliveira
Natália França
Priscilla A.F. Alves
Rafael de Oliveira
Samuel Rezende
Verônica M. Guedes

Editoração: Rachel Fernandes
Projeto gráfico: Éditions Jouvence
Arte-finalização: Lara Kuebler
Capa/ilustrações: Jean Augagneur
Arte-finalização: Bruno Margiotta

ISBN 978-85-326-4498-5 (Brasil)
ISBN 978-2-88353-887-0 (Suíça)

Este livro foi composto e impresso pela
Editora Vozes Ltda.

Dados Internacionais de Catalogação na Publicação (CIP)
(Câmara Brasileira do Livro, SP, Brasil)

Van Stappen, Anne
   Caderno de exercícios para cultivar a alegria de viver no cotidiano /
Anne van Stappen ; ilustrações de Jean Augagneur ; tradução de Stephania
Matousek. 2. ed. — Petrópolis, RJ : Vozes, 2013. — (Coleção Cadernos —
Praticando o Bem-estar)

   Título original: Petit cahier d'exercices pour cultiver sa joie de
vivre au quotidien
   Bibliografia.

   6ª reimpressão, 2025.

   ISBN 978-85-326-4498-5

   1. Alegria   2. Autorrealização   I. Augagneur, Jean.   II. Título.
III. Série.

12-14971   CDD-158

Índices para catálogo sistemático:
1. Alegria : Conduta de vida : Psicologia
aplicada   158

Nesse mundo cada vez mais estressante, complexo e incerto, será que é possível cultivar sua alegria de viver? Quando tudo fica nublado sob o nosso céu, que muitas vezes está pesado por causa de más notícias, será que poderíamos fazer brilhar o entusiasmo e carregar um dinamismo fecundo, permanecendo, ao mesmo tempo, conscientes das realidades que nos rodeiam?

Sim. E este livro está aqui para incitar você a experimentar.

3

Vamos explorar juntos a verdadeira alegria, aquela que dura e não contém dentro de si o germe oculto de seus contrários (depressão-renúncia-desolação). Essa alegria sutil brota da arte de notar, saborear, cultivar e preservar as belezas da vida, dentro e em torno de si. Ela se enraíza na audácia de ter sonhos e ser plenamente você mesmo, fortifica-se no ato de estar presente a si mesmo e ao instante atual, desenvolve-se com a capacidade de se maravilhar, dar e amar, receber e se deixar amar, respeitando tudo o que esteja vivo dentro e em torno de si.

Cultivar sua alegria é, antes de tudo, compreender que os entusiasmos mais estáveis têm origem no ser. É descobrir o poder liberador que surge quando se passa do culto dos bens ao culto dos laços: **laço consigo mesmo e laço com os outros.**

Para viver a alegria no cotidiano, devemos deixar de repouso o terreno do consumismo consolador, a fim de fazer crescer a nossa **interioridade essencial.**

Para isso, vamos começar a cultivar o nosso jardim interior! E, mesmo que tenhamos vidas hiperativas, vamos desacelerar o nosso ritmo, no intuito de passar do « fazer » ao « ser » e trocar a quantidade pela qualidade...

Na nossa época, em que o materialismo excessivo ameaça a integridade da nossa espécie e fracassou em sua tentativa de tornar o homem feliz, cultivar sua alegria de viver se torna uma questão societal. E é, primeiramente, em si mesmo(a) que cada um(a) pode plantar as sementes de sua alegria.

Mas é uma arte, um trabalho a ser realizado! Trata-se de aprender a jubilar por aquilo que você é, e não por aquilo que você possui.

Então vamos lá! E, como o que se lê acaba esquecido e o que se vive fica guardado, pegue suas enxadas e ancinhos e comece arrancando as ervas daninhas e lavrando o seu pedaço de terra...

Primeiro, vamos definir juntos as diferentes formas que a alegria de viver pode adotar no cotidiano:

5

Pinte as palavras que tenham a ver com a **sua representação** da alegria de viver: brilho, regozijo, vitalidade, intensidade, dinamismo, entusiasmo, alegria,

jovialidade, júbilo, êxtase, deleite, relaxamento, respiração, prazer, encanto, despreocupação, felicidade, exultação, enlevo, contentamento, serenidade, energia, sentido, força vital, compromisso... Aumente essa lista **à vontade!**

Leia em voz alta as palavras que você coloriu, sentindo dentro de si a energia que elas contêm. Em outras palavras, sinta-se brilhante, contente...

O objetivo desse exercício é simples:

Para ser estável e forte, é essencial aprender a cultivar dentro de si estados de espírito positivos, seja qual for o contexto da nossa vida. Não há necessidade de esperar que haja razões específicas para que isso aconteça.

> O critério de referência de uma vida plenamente realizada não reside no número de coisas que se possui, mas sim na quantidade de alegria sentida.
>
> Abraão

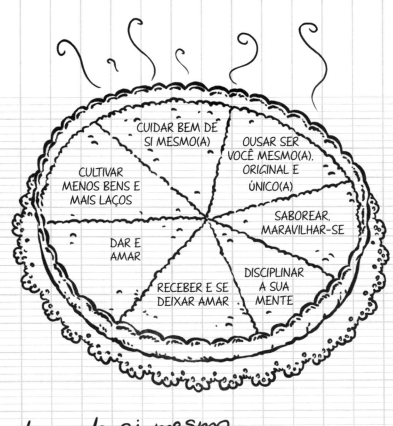

Cuidar bem de si mesmo

Pense no seu atual cotidiano e liste uma dezena de aspectos que estimulam a sua alegria de viver, e uma dezena de aspectos que deixam você de baixo-astral (situações, pensamentos etc.).

Comece alegrando-se com todos os aspectos que estimulam a sua alegria de viver.

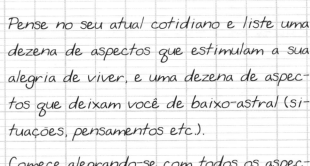

Saboreie-os lentamente, um por um!

Em seguida, observe o que acaba com a sua alegria de viver e faça-se sinceramente as seguintes perguntas:

<u>Será que eu teria a possibilidade de interferir naquilo que estraga a minha vida e vem de fora?</u>

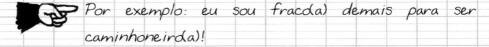 Por exemplo: eu sou fraco(a) demais para ser caminhoneiro(a)!

=» E se eu pensasse em fazer sessões de musculação?

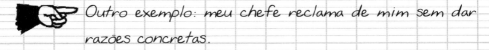 Outro exemplo: meu chefe reclama de mim sem dar razões concretas.

=» E se eu lhe pedisse para me citar três pontos que ele gostaria que mudassem na minha atitude?

<u>Será que eu teria a possibilidade de interferir naquilo que estraga a minha vida e vem de dentro?</u>

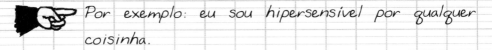 Por exemplo: eu sou hipersensível por qualquer coisinha.

=» E se eu me informasse sobre as formas de controlar as emoções?

Anote as suas possibilidades de ação para cada coluna dos fatores que acabam com a sua alegria de viver.

E, para estimular o seu espírito de iniciativa, inspire-se em Marco Aurélio...

> Meu Deus, dê-me a serenidade necessária para aceitar, como elas são, as coisas que não se pode mudar, dê-me a coragem de mudar aquelas que devem ser mudadas; dê-me a sabedoria que permite discernir umas das outras.
>
> Marco Aurélio

Em seguida, imagine o seu **dia ideal**, aquele que lhe traria alegria: programas, criações, ações, relações, distrações etc. Observe se essa alegria depende, sobretudo do que você **será**, **fará** e/ou **sentirá** ou do que você **consumirá** ou **possuirá**: pergunte-se se já existe agora uma atitude que você poderia adotar e que poderia fazer com que o dia de hoje apresentasse **um** dos aspectos do seu dia ideal.

Por exemplo: se, no seu dia ideal, você gostaria de encontrar pessoas afáveis, quem sabe você não decide ir a um local público e sorrir para duas ou três pessoas desconhecidas? Existe a chance de uma delas retribuir o seu sorriso.

Atenção! Mudar hábitos nunca é fácil, mas fazer esse esforço pela sua vida vale a pena. É hora de progredir na arte de viver bem. **Isso se aprende, basta decidir.** Uma vez que você tiver decidido transformar a sua vida, será fácil aprender como fazer.

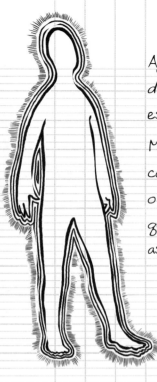

Agora, vamos explorar o que significa: cuidar bem de si mesmo, do seu eu. Mas, no fundo, o que é esse EU?

Muitas tradições consideram que o ser humano é composto por quatro corpos: o físico, o mental, o emocional e o espiritual. (Algumas até estimam que haja sete corpos, mas não vamos abordar esse assunto aqui).

<u>Para estar em forma, o nosso corpo físico precisa de pausas, cuidados e alegrias.</u>

Reserve um tempo para:

O CORPO FÍSICO

PRESERVÁ-LO

MOVIMENTÁ-LO
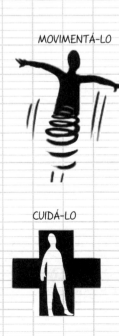

ESCUTÁ-LO

FORNECER-LHE UMA ALIMENTAÇÃO SADIA

RELAXÁ-LO

CUIDÁ-LO

DAR-LHE PRAZER

PROPORCIONAR-LHE UM SONO DE BOA QUALIDADE

11

OBRIGÁ-LO A FUNCIONAR?

Ou então será que você pensa que ele **deve** funcionar e que você fará tudo isso mais tarde?

Ao longo dos seus dias, acontece de você « pausar » : Para refletir? Para parar de refletir? Para se regenerar quando sente a sua energia vital diminuindo? Ou então você só para quando realmente não está mais aguentando? Ou somente quando o dia já acabou?

Quando o seu desempenho está diminuindo, você costuma tomar um café ou outro estimulante no intuito de se revigorar? Você consome álcool ou calmantes à noite para relaxar?

Em sua opinião, você se concede, todos os dias, momentos de calma suficientes?

Você passa a maior parte do seu dia no estresse de ter de alcançar um objetivo?

Será que você se trata assim como tratam a terra atualmente, ou seja, esgotando-a por meio de plantações intensivas, intoxicando-a com fertilizantes e pesticidas, e empobrecendo-a com culturas uniformizadas?

Nos 1.440 minutos de um dia, quantos você passa prestando atenção em si mesm(a)?

[   ]

Tenha sempre em mente essas perguntas. O que você acha das suas respostas? Elas são satisfatórias, preocupantes?

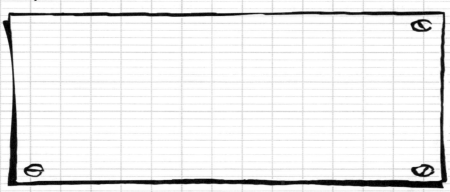

Atenção! Não há <u>respostas certas</u> para esse exercício, nem para a maioria dos outros questionários deste pequeno caderno, porque <u>um dos aspectos importantes para alcançar a alegria de viver reside na capacidade de confiar em si mesmo e desenvolver o seu radar interior.</u>

Assim, embora receber respostas às nossas perguntas nos proporcione uma paz provisória, aprender a ficar com as perguntas para, ao longo delas, descobrir o nosso próprio reflexo, proporciona-nos uma serenidade e estabilidade duradouras...

Observe como você se sente, tendo como única referência as suas próprias respostas a essas perguntas.

13

Pinte e medite sobre as frases a seguir:

As suas células sabem muitas coisas, será que você reserva tempo o bastante para escutá-las e seguir o que elas estão dizendo?

Marie Pier Charron

Para viver feliz é preciso trocar tensão por atenção.

Na vida, tudo é movimento. O movimento permite que a energia circule. Quando a energia fica bloqueada, surgem doenças.

Cavamos nossa cova com nosso garfo e nossa faca.

Gurumayi Chidvilasananda

Às vezes, é quando paro que eu progrido melhor.

A velocidade afeta o nosso psiquismo e nos deixa doentes... Viver mais lentamente permite reatar laços mais intensos, inclusive com os mais lentos dentre nós, nas extremidades das idades da vida.

Pascale d'Erm

O CORPO MENTAL

O corpo mental é constituído pelos nossos pensamentos. A mente é concebida para pensar. Isso não causa nenhum problema em si. Os problemas surgem ou não, dependendo da forma como interpretamos ou não os nossos pensamentos, como se fossem a realidade e lhes damos ou não importância.

A nossa vida resulta, portanto, da maneira como lidamos com os nossos pensamentos e convicções (uma convicção é um pensamento ao qual damos importância há muito tempo). Nossos pensamentos e convicções criam a nossa realidade, realidade essa que, por sua vez, vem fortalecer as nossas convicções.

Por exemplo, se eu pensar: eu sou um zero à esquerda e nunca vou conseguir o trabalho dos meus sonhos!, eu irei assim a entrevistas de emprego mostrando-me instável e sem confiança. Dá para perceber isso, o que diminui as minhas chances de ser contratad(a) para o cargo disputado. Se eu não for selecionad(a) para o tal emprego, isso confirmará a minha ideia de que eu sou um zero à esquerda, e se instaura um círculo vicioso...

15

Exercício

Elimine **uma** das suas convicções negativas a respeito de você mesmo(a) ou da vida, e busque descobrir o que você costuma fazer para demonstrar que ela é verdadeira. Esse exercício é complexo e pode levar tempo, porque as nossas convicções não gostam de ser desmascaradas.

Por exemplo: <u>eu sou tímido(a) e não sei me expressar.</u> Como eu acho isso, acabo ficando com medo, evitando falar demais, julgando-me e me reprovando por ser reservado(a) — o que me paralisa, reforça a minha timidez e falta de jeito, provando assim a fundamentação da minha convicção.

Pinte e medite sobre a frase a seguir!

Eu não largo os meus pensamentos, eu vou ao encontro deles com compreensão. Em seguida, são eles que me largam.

Byron Katie

O CORPO EMOCIONAL

<u>O corpo emocional:</u> as nossas emoções são a cor que a vida adquire em nós, de instante em instante. Sejam elas agradáveis ou desagradáveis, é essencial tomar consciência delas e acolhê-las porque:

 Se uma emoção for agradável, permitir-se senti-la plenamente aumenta a sua energia vital e alegria de viver.

 Se uma emoção for desagradável, aceitar senti-la, sem se identificar com ela, permite chegar até o fundo. É lá que encontramos o apoio necessário para voltar à superfície.

 Quando nos recusamos a sentir o que está vivo dentro de si, impedimos a vida de circular.

 Se aceitarmos sentir o que estamos sentindo, deixamos a vida circular dentro de nós, o que fortalece a nossa capacidade de sentir e, portanto, de viver.

As nossas emoções não são nem boas e nem ruins. As nossas dificuldades não provêm das nossas emoções, mas sim dos pensamentos que associamos às nossas experiências.

17

Por exemplo, se eu não arrumar um emprego, apesar de isso ser vital para mim, posso me sentir preocupad(a). No entanto, surgirá um problema se eu pensar: <u>eu nunca vou conseguir</u>

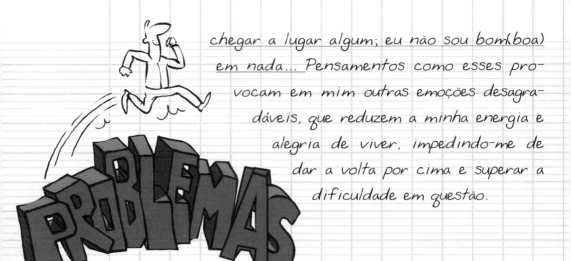

chegar a lugar algum; eu não sou bom(boa) em nada... Pensamentos como esses provocam em mim outras emoções desagradáveis, que reduzem a minha energia e alegria de viver, impedindo-me de dar a volta por cima e superar a dificuldade em questão.

Exercício difícil...

... E, portanto, facultativo! Leia e escute o seu radar para sentir se você deve ou não fazê-lo.

Da próxima vez em que você encontrar uma dificuldade e experimentar uma emoção e/ou uma sensação vivenciada como desagradável, não lute contra elas; sinta o que estiver acontecendo no seu coração e no seu corpo sem pensar no que quer que seja! Aceite simplesmente essas emoções/sensações pelo que elas são: a vida circulando dentro de você.

Por exemplo, se você estiver com raiva, sinta esse sentimento; talvez você perceba o seu maxilar se contraindo, a sua respiração ficar oprimida, o seu ritmo se acelerar? Aceite o que estiver acontecendo.

Em seguida, tente notar, em função do contexto, os pensamentos que vierem à sua mente.

Se você conseguir tomar consciência dos seus pensamentos, você já terá atravessado uma grande etapa, porque poderá decidir se distanciar deles. Senão, eles acarretarão, na sua vida, novas experiências, destinadas a confirmá-los.

Nesse exercício, que deve ser repetido com frequência para trazer resultados, é essencial parar de se identificar com a emoção negativa. Para isso, em vez de pensar eu sou irritadiç(a), eu sou violent(a), é melhor constatar estou com uma irritação dentro de mim e enxergar a mesma como estando **dentro de nosso ser**, sem **ser** o nosso interior, o que nos permite manter uma posição de observador da nossa vivência.

EU SOU IRRITADIÇO

ESTOU COM UMA IRRITAÇÃO DENTRO DE MIM

O CORPO ESPIRITUAL

O corpo espiritual é uma presença que existe por trás das nossas emoções e pensamentos. Ele pode se destacar quando a mente está calma e as emoções são aceitas e/ou transformadas.

Em cada um de nós mora um observador silencioso que pode ser testemunha da nossa vivência. Graças a esse observador, podemos identificar e canalizar as nossas emoções, jogando luz sobre as convicções inconscientes que nos governam. Quando trocamos o fazer pelo ser, e reservamos um tempo para prestar atenção em nós mesmos e no instante presente, isso abre o espaço de que o nosso corpo espiritual precisa para se ampliar.

> O que nos torna alegres é despertarmos para a nossa verdadeira natureza.
>
> Eckhart Tolle

É na nossa capacidade de ficarmos presentes a nós mesmos que se encontram os germes da nossa felicidade. Essa presença nos torna conscientes, e a nossa alegria depende do nível de consciência que temos.

Pinte a frase

A « presença a si mesmo » ou « plena consciência » é a capacidade de dirigir a atenção para o interior de si, no momento presente, com curiosidade, benevolência e sem julgamento nem expectativa do que quer que seja. Para isso, basta observar a sua vivência do instante.

Christophe André

A respiração é uma ponte entre o corpo e a alma.

Gurumayi Chidvilasananda

Você tem ideia do número de momentos que você vive em piloto automático, sem estar realmente consciente, ao longo de um dia?

21

Agora, sente-se confortavelmente, com as costas bem retas, mas frouxas, e os pés colados no chão, se estiver sentado(a) numa cadeira. Tome consciência da sua respiração. Deixe-a fluir naturalmente. Sinta o ar entrando e saindo dos seus pulmões. Acolha o que esteja acontecendo em você: bem-estar, agitação, impaciência, sonolência etc. Aceite simplesmente o que esteja aí. A cada respiração, tome consciência do inspirar e expirar. Pouco a pouco, vá deixando um espaço maior entre o inspirar e o expirar, e entre o expirar e inspirar seguinte.

Se possível, deixe instaurar-se em você uma sensação de vazio mental e distância com relação ao seu lado emocional.

É essencial exercer isso cotidianamente, nem que seja cinco minutos por dia no início, visando alcançar, em algumas semanas, trinta minutos de encontro cotidiano consigo mesmo. Se, durante essa atividade, você sentir estresse, agitação mental ou tédio, saiba que é perfeitamente normal: explorar a nós mesmos é assustador, porque ignoramos o que encontraremos, porque temos medo do vazio, porque o ego pouco a pouco perde o controle e insinua que tudo isso não tem sentido...

Persevere, pois é preciso tenacidade para descer ao fundo de si mesmo e se aceitar do jeito que você é.

 Quando praticamos esse momento cotidiano de encontro consigo é muito importante ter consciência de sua dimensão sagrada, ou seja, estar no estado de espírito de que « sempre é a primeira vez » ou « sempre é a última vez ».

Para dar frutos, a prática da plena consciência necessita constância e rigor. Depois de algumas semanas, ela ajudará você a se sentir melhor, física e emocionalmente; estimulando em especial o seu bom humor, serenidade e criatividade, e revigorando a sua saúde como um todo.

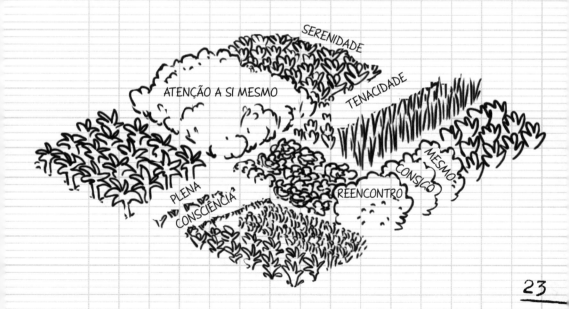

E, sobretudo, não diga <u>vou tentar</u>, apenas faça!

Aí vai uma piadinha de incentivo: imagine que você esteja viajando de avião, que a aeronave esteja se preparando para aterrissar no Rio de Janeiro e que você escute a aeromoça anunciar o seguinte: « Senhoras e senhores, apertem os cintos, vamos **tentar** aterrissar no Galeão ».

Como você se sentiria? Em dúvida quanto ao sucesso da aterrissagem, não é?

Então, não tente, faça!

Ousar ser original e plenamente você mesmo(a), ousar ter sonhos

MINHAS AUDÁCIAS

Viva de acordo com o seu plano pessoal e único. Junte a sua coragem e confiança a fim de concretizar, sem meias-voltas, aquilo a que você aspira. O mundo precisa da sua alegria, e você só a encontrará realizando quem você realmente é.

Coloque-se as seguintes perguntas:

	UM POUCO	FREQUENTEMENTE	SEMPRE	NUNCA
Será que eu sou fiel a mim mesmo(a)?	☐	☐	☐	☐
Aos meus valores?	☐	☐	☐	☐
Aos meus gostos?	☐	☐	☐	☐
Minhas ações me levam àquilo a que eu aspiro profundamente?	☐	☐	☐	☐
Eu ouso ser diferente do que esperam de mim?	☐	☐	☐	☐
Eu abro espaço para a originalidade na minha vida?	☐	☐	☐	☐

> O privilégio de uma vida é ser quem você é.
>
> Joseph Campbell

☞ Se as suas respostas se situarem entre nunca e um pouco, escreva o desenrolar de uma conversa ou momento que você viveria não sendo você mesmo(a), e de uma conversa ou momento que você viveria sendo totalmente você mesmo(a).

☞ Como seriam essas situações?

☞ Em seguida, represente as duas cenas na frente de um espelho, observe os seus estados de espírito em cada versão e... Divirta-se! No final das contas, trata-se apenas de um espelho... Por enquanto!

☞ Se houver muitas diferenças entre as duas descrições, reflita sobre as razões pelas quais você se se desliga a esse ponto de si mesmo(a)... E quem sabe você não decide mudar, pouco a pouco, certos aspectos da sua vida atual, tendo a coragem de falar sobre isso primeiro com as pessoas próximas a você. Efetue essas mudanças mantendo um respeito equivalente com relação a si mesmo(a) e aos outros.

☞ Anote aqui as suas observações, bem como o primeiro pequeno passo que você talvez dê.

OBJETIVOS

> Sabedoria é ter objetivos suficientemente grandes para não perdê-los de vista quando os perseguimos.
>
> Oscar Wilde

OUSAR TER SONHOS

Quando sonhamos com alguma coisa, somos animados por um fogo interior e conectados à energia da vida – isso nos torna muito atraentes!

Sempre que possível, vá respirar ar puro em meio à natureza com o seu caderno. Encontro marcado num parque, numa floresta, no interior... Caminhe devagar, respirando profundamente. Abra bem os olhos, escute os sons, sinta os cheiros, toque ou acaricie o que atrai você e aproveite o instante presente. Contemple a que ponto a natureza se realiza plenamente. Depois, sente-se para escutar a sua vida interior.

Pergunte-se:

O que me atrai na minha vida?
De que eu realmente tenho vontade?
Será que um dia eu vou me dar o direito de alcançar o que quero?
Faça uma lista de algumas ações concretas a efetuar para atingir o que atrai você. Mesmo que essa lista lhe pareça irrealista, reserve um tempo para escrevê-la.
Comprometa-se a fazer pelo menos uma das ações listadas durante a próxima semana.
Descreva aqui a ação em questão. Anote a data e as modalidades de realização dela.

É melhor ter grandes sonhos não alcançados do que pequenas ambições realizadas sem grandes pompas.

Saborear, sentir gratidão, maravilhar-se

> **ALEGRIA** = **A**udácia de **L**ib**E**rar **GR**andes **Í**mpetos de **A**dmiração.
>
> Anne-Cécile Annet (Bélgica)

Pinte o texto abaixo, impregnando-se com a energia dele.

Dos pequenos prazeres às grandes aspirações, o que torna profundamente alegre é a arte de saborear, adorar e lembrar o que existe de belo e bom na sua vida.

SABOREAR

Pegue uma fruta que você adora degustar.
Aqui, vamos escolher uma maçã.

1. Inspire e depois expire profundamente algumas vezes.

2. Pegue e lave a maçã sob um filete de água. Escute o murmurinho da água. Observe-a deslizando sobre a

fruta, sinta na sua mão o frescor e a suavidade... Ela é tão preciosa!

Em seguida, sente-se, coloque a maçã num prato e contemple-a atentamente: Qual a sua cor? Qual a sua forma?

3. Depois, pegue-a em suas mãos. Ela é suave, rugosa, pesada, leve? Leve o tempo que for preciso para estar totalmente presente ao que você está fazendo.

4. Sinta o perfume da maçã. Permaneça atenta(a) ao momento presente, não o compare com outros momentos, mesmo se lembranças do passado invadirem a sua mente.

5. Corte a maçã em quatro e descasque-a, se quiser. Concentre a sua atenção na faca que você está usando para cortar e descascar a fruta; escute o barulho quando você estiver fatiando a maçã. Sinta a polpa úmida entre os seus dedos. Observe a cor dela.

6. Morda lentamente um primeiro pedaço. Sinta o sabor e a textura da polpa, aprecie o suco se espalhando dentro da sua boca e se misturando com a saliva.

7. A maçã então derrete na sua boca; engula à vontade esse primeiro pedaço.

SENTIR GRATIDÃO

Observe agora cada pedaço da maçã com os olhos do seu coração. Pense em tudo o que foi preciso para que aquela fruta se encontrasse na sua casa e você pudesse degustá-la. Pense na árvore na qual a maçã nasceu, no solo que permitiu o crescimento da macieira, nas pessoas que trabalharam na colheita, no país em que tudo isso ocorreu. Imagine toda a cadeia que orquestrou a chegada daquela fruta até você, para a sua alimentação. Relembre o lugar onde você a comprou. Faça a mesma reflexão a respeito do prato, dos talheres, da cadeira... E, em seguida, sinta gratidão pela abundância da vida que lhe está sendo oferecida, aqui, por meio de uma simples maçã. Para isso, acolha de braços abertos e vivencie cada faceta das suas sensações e sentimentos. Se alguns pensamentos distraírem você da sua gratidão, volte a prestar atenção nos seus cinco sentidos.

Avalie o tempo que lhe tiver sido necessário para fazer o exercício inteiro. Você acha que perdeu esse tempo? Ou você saboreou aquela lenta degustação?

O que ela lhe ensinou?

Se, em qualquer situação, você quiser reforçar a sua gratidão pelo que a vida lhe esteja oferecendo e/ou se desejar expressá-la a alguém, é muito comovente, tanto para você quanto para a pessoa a quem esteja se dirigindo, quando se atravessam as três etapas da Comunicação Não Violenta listadas a seguir:

1) Observe ou cite uma ação ou gesto que lhe tenha feito bem;

2) Lembre e verbalize as necessidades satisfeitas durante a ação em questão;

3) Sinta e expresse os seus sentimentos, repensando-os agora.

Exemplo: Quando você me escutou enquanto eu desabafava sobre a tristeza que estava sentindo por causa da minha separação, você satisfez a minha necessidade de um ombro amigo e de contar com alguém. Quando eu me lembro disso, fico emocionad(a) e chei(a) de gratidão pela sua amizade.

MARAVILHAR-SE

Pense em três breves instantes vividos hoje e perceba a beleza deles.

Por exemplo, o olhar acolhedor de um comerciante, um pedaço de céu azul, uma notícia boa, o canto de um passarinho etc.

E não pense que houve poucos momentos desse tipo...

O objetivo aqui é se maravilhar, não se lamentar!

A alegria está em tudo. É preciso saber extraí-la

Confúcio.

CULTIVAR ESTADOS DE ESPÍRITO POSITIVOS

> Nossa alegria depende da nossa capacidade de deixar os momentos alegres viverem dentro de nós. Quanto mais sentirmos profundamente esses momentos, mais o nosso cérebro se torna hábil a identificá-los e cultivá-los. O bem-estar aumenta quando reconhecemos e cultivamos os nossos estados de espírito positivos. A alegria é a soma do bem-estar e do ato de consciência desse bem-estar.
>
> **Christophe André**

Tudo aquilo em que eu prestar atenção vai crescer.

Mergulhe durante dois minutos numa lembrança agradável e recente. Sinta o que você havia sentido, reviva e aprecie suas sensações, bem como todos os seus sentimentos. Utilize os seus cinco sentidos para que esse momento se expanda plenamente. O que você tirou deste exercício?

Que tal você começar um diário de boas notícias contando esse momento?

Discipline a sua mente

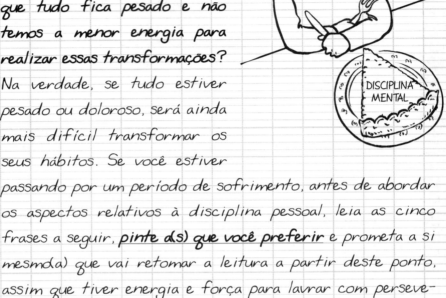

Mas o que fazer nos dias em que tudo fica pesado e não temos a menor energia para realizar essas transformações? Na verdade, se tudo estiver pesado ou doloroso, será ainda mais difícil transformar os seus hábitos. Se você estiver passando por um período de sofrimento, antes de abordar os aspectos relativos à disciplina pessoal, leia as cinco frases a seguir, **pinte a(s) que você preferir** e prometa a si mesm(a) que vai retomar a leitura a partir deste ponto, assim que tiver energia e força para lavrar com perseverança as suas terras interiores.

Cinco frases para aqueles dias tristes
(retiradas de Ne marche pas si tu peux danser)

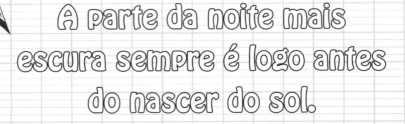

A parte da noite mais escura sempre é logo antes do nascer do sol.

Morangos que tenham sido expostos aos maiores frios têm mais sabor do que os outros.

Quando uma dor é completamente aceita, ela se transforma.

O essencial é a forma de enxergar as coisas. E mudar esse olhar não custa nada. Quando você muda de olhar, a situação muda.

Tente fazer aquilo de que você gosta, como puder, e saboreie a experiência. Às vezes, basta apenas respirar e sentir o ar passando pelos pulmões...

Agora, componha uma frase ou pense num desejo que poderia se realizar e ajudar você a ficar alegre. Em seguida, leia-a cotidianamente de coração e cabeça abertos até você começar a acreditar na possibilidade de sua realização.

Por exemplo: **eu mereço ser amad(a)!**

Depois desse preâmbulo de socorro, quando a sua vida estiver confortável e agradável, é importante decidir desenvolver a sua capacidade de disciplinar a sua mente, de modo que isso se torne um hábito que possa apoiá-l(a) em horas de desafio.

Veja a seguir alguns exercícios que ajudarão você a pensar de forma positiva, manter-se firme e mesmo alegre, quando tiver de enfrentar tempestades.

TORNAR-SE CONSCIENTE DOS SEUS PENSAMENTOS

Tornar-se um observador dos seus pensamentos ajuda a tomar distância face às dificuldades da vida cotidiana. É essencial não se deixar teleguiar por seus pensamentos! Dependendo da forma como lidamos com a nossa mente, criamos o nosso inferno ou paraíso. Na maior parte do tempo, quando surge um pensamento, sem nos darmos conta, surfamos na sua onda e nos vemos levados por uma correnteza de ideias – na maioria das

> 90% dos nossos pensamentos são estéreis e repetitivos.
>
> Eckhart Tolle

vezes, negativas e improdutivas. É um imenso progresso conseguir se tornar consciente de seus automatismos mentais.

Exercício

Coloque um despertador para tocar daqui a cinco minutos.

Sente-se confortavelmente e feche os olhos. Dê uma ou duas respirações profundas e observe os seus pensamentos, sem julgá-los, analisá-los ou segui-los. Contemple-os e deixe-os simplesmente existirem. Considere-os como nuvens passando no céu. Não embarque neles!

Se um estado de paz se instaurar, saboreie-o. Se a sua mente estiver agitada, aceite isso com benevolência.

Porém, pode acontecer que, graças a este exercício, você tome consciência de pensamentos sombrios que poluem a sua mente... Você então talvez fique com vontade de transformá-los, o que nos leva a:

TRANSFORMAR IDEIAS SOMBRIAS EM PODER DE AÇÃO

A nossa mente adora julgar, analisar, diagnosticar, comparar, avaliar, etiquetar, criticar, ruminar, fulminar, reclamar etc. Se tivermos consciência do custo desses modos de funcionamento, talvez fiquemos com vontade de abandoná-los.

A <u>Comunicação Não Violenta</u> (uma maneira de nos comunicarmos, permitindo abordarmos as nossas relações, permanecendo, ao mesmo tempo, próximos a nós mesmos e fiéis à nossa natureza humana) é excelente para ajudar a transformar nossas ideias sombrias em potencial de ação: de fato, uma vez identificados os pensamentos tóxicos e estados de espírito negativos associados a elas, pode-se tentar descobrir o sonho que os mesmos estão, inabilmente, buscando exprimir.

Assim, <u>um motivo pelo qual eu me julgo se torna aquilo a que eu aspiro, e uma razão pela qual eu reprovo alguém se torna aquilo que eu quero.</u>

Por exemplo:

☞ Ideia sombria: <u>tsss, apesar do meu regime, essa semana eu não resisti e engordei um quilo. Eu não tenho a menor força de vontade!</u>

Esse tipo de pensamento suga a sua energia e faz você ter mais tendência a compensar uma decepção com doces furtados na geladeira do que a se controlar!

☞ Aquilo a que eu aspiro: <u>eu gostaria de confiar na minha força de vontade para me manter firme ao meu objetivo.</u>

Esse pensamento reconecta você a algo animador. Nesse caso, confiar na sua força de vontade para se manter firme. Quando você concentra a sua atenção naquilo a que aspira, a sua energia ganha novamente vigor, e é mais fácil obter coragem para se controlar e buscar uma maneira concreta de proceder.

TRANSFORMAR OS SEUS EU DEVO EM EU DECIDO

A felicidade e a alegria decorrem de uma atitude em que a pessoa tenta se reconectar às razões profundas pelas quais ela realiza as coisas. Isso aumenta o prazer de fazê-las.

Uma vez que você se torna consciente dos seus pensamentos, **você tem a escolha de decidir como e em que pensar.**

E isso é capital, pois os seus pensamentos dão origem aos seus estados de espírito.

Como é mais gostoso fazer as coisas por impulso do que por dever, a sua energia ficará mais descontraída se, ao invés de se forçar a fazer <u>o que</u>

« _deve_ » fazer, você se voltar _ao que tiver decidido fazer_ _porque tem_ « _vontade_ » de... Trata-se, de certa forma, de descobrir os _eu decido_ dissimulados atrás dos _eu devo_.

Exercício

Anote aqui uma atividade que você acha que deve fazer.

Escreva a seguir as necessidades satisfeitas e as não satisfeitas pela ação em questão.

Necessidades satisfeitas	Necessidades não satisfeitas

Antes de agir, concentre-se, se possível, nas necessidades satisfeitas pela tarefa a ser realizada. Você ficará mais positiv(a) e mais descontraíd(a) quanto à realização dos seus projetos.

Por exemplo: <u>eu **devo** cozinhar para a minha família.</u>

Aqui, pode-se imaginar que as necessidades satisfeitas são necessidades de subsistência, de cuidar de seus entes queridos, de agradar... E que as necessidades não satisfeitas são necessidades de descanso, relaxamento, descontração, de ser mimad(a), por sua vez...

Você pode ficar ruminando porque nunca tem um descanso, o que deixará a tarefa ainda mais árdua, ou então pode decidir tornar a sua vida mais agradável, reconectando-se com o prazer de dar e cuidar dos outros.

⇒ <u>Eu **decidi** cuidar da minha família e contribuir para a subsistência dela.</u>
E ME COMPROMETI TAMBÉM a dar atenção à minha necessidade de descanso num outro momento!

<u>41</u>

ACEITAR E SE DESAPEGAR FACE AO QUE NÃO SE PODE TRANSFORMAR

Os seres humanos aspiram à alegria e serenidade. Cada qual quer evitar o sofrimento. Pois bem, poucos entendem que, para reduzir o sofrimento, mais vale aceitá-lo e senti-lo. Ir ao fundo do poço é doloroso, mas é lá embaixo, no solo, que se pega impulso para voltar à superfície.

Retome o exercício facultativo da página 18. Será que agora não seria uma boa hora para você fazê-lo? Se o seu radar interior disser que sim, na próxima vez em que surgir uma dor emocional, aceite-a. Volte a sua atenção para o lugar do corpo onde ela estiver se manifestando. De fato, mesmo que a dor seja emocional, você é capaz de percebê-la fisicamente. Ela tem uma forma, cor, textura, peso? Aceite-a,

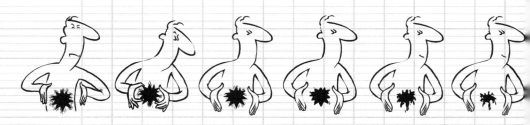

sem lutar. Concentre-se e respire calmamente na zona que estiver sofrendo. Desapegue-se e deixe a dor derreter. Não a obrigue a fazê-lo!

Não tente obter êxito em coisa alguma. Trata-se de um processo que se efetua pouco a pouco dentro de você. Às vezes, mesmo sem você se dar conta.

Quando se planta uma semente de bambu no solo, durante meses não se vê nada. E então, de repente, de uma vez, o bambu aparece fora da terra e cresce vários metros. A perseverança realiza para nós os mesmos milagres que o sol e a chuva para a natureza.

APERFEIÇOAR A ARTE DE "CRIAR GAVETAS"

Aprender a viver uma coisa de cada vez, tendo confiança de que o que foi adiado não será prejudicado por causa disso, necessita de um treinamento certeiro.

<u>Quando estou andando, estou andando; quando estou comendo, estou comendo; quando estou trabalhando, estou trabalhando; e, quando estou com a minha família, estou inteiramente presente!</u>

Agora, posicione-se com relação às seguintes questões:

 Eu consigo me liberar das minhas preocupações profissionais quando estou com a minha família?

 Eu consigo me concentrar no meu trabalho quando estou com problemas em outras esferas?

 Entre que âmbitos da minha vida eu consigo (ou não) instaurar fronteiras?

 Entre que âmbitos eu acho mais importante instaurá-las?

Para aperfeiçoar a arte de separar as esferas da sua vida é bom se conceder um intervalo neutro entre duas atividades diferentes. Por exemplo, você pode decidir dar um tempo, tirar um momento de pausa, mesmo que seja bem curto, ao invés de se precipitar de uma atividade para a atividade seguinte. Se houver um trajeto a ser percorrido entre dois lugares, isso pode ajudar você a eliminar interiormente o velho universo, no intuito de poder mergulhar totalmente no novo.

Senão, ao chegar em casa, você pode pensar em dizer ao(à) seu(sua) companheiro(a) que necessita de um momento de solidão, a fim de poder, em seguida, aproveitar plenamente os instantes com ele(a).

Descreva aqui o intervalo neutro que você vai, se necessário, instaurar entre duas esferas da sua vida.

E, se algo no seu jeito de ser tiver de mudar, converse primeiro sobre a sua intenção com as pessoas envolvidas.

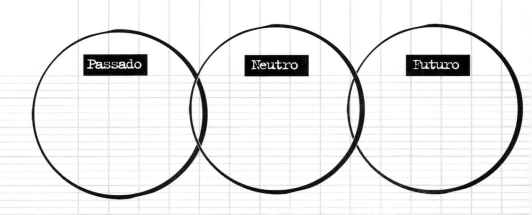

Desenhe ou descreva nos círculos 1 e 3 duas atividades que você tem dificuldade para realizar sucessivamente, pois as preocupações, problemas, estresse... de um universo tendem a acompanhá-l(d)a) no universo seguinte. Coloque no círculo do meio um símbolo do que você fará para criar um espaço de transição que lhe permita aproveitar o instante que está por vir, permanecendo completamente presente a ele.

<u>Por exemplo</u>: você é secretári(a) e, à medida que o dia vai passando, a cadência de trabalho vai aumentando. Você sai do trabalho tens(a), estressad(a), esgotad(a). A sua atividade seguinte consiste em pegar os seus filhos na escola o mais rápido possível... Como você poderia se preparar para ir buscá-los, estando ao mesmo temp(a) mais descontraíd(a) e relaxad(a) possível? Você não poderia tirar dois minutos, sozinh(a) ao volante do seu carro, para respirar e «pausar»? Ou então esperar um momentinho até recobrar a sua serenidade interior e o seu próprio ritmo contemplando as nuvens passando no céu? Não pro-

cure efetuar algo sofisticado, tente simplesmente retomar a calma dentro de si e se livrar das suas preocupações.

Encontre o **SEU** método e, em seguida, experimente-o para ver se ele d(a) ajuda ou não.

O talento mais poderoso para cultivar a alegria de viver consiste em aprender a se sentir bem, mesmo quando tudo vai mal. Sentir-se mal atrapalha o seu potencial de ação, exceto quando você está buscando descobrir que necessidades não satisfeitas estão provocando os seus sentimentos desagradáveis, no intuito de explorar que ação(ões) empreender para satisfazer, se possível, aquelas necessidades não atendidas.

Contrariamente, um estado de espírito incômodo vivido passivamente não ajuda nem um pouco a transformar uma situação difícil.

Se **você** quiser que a sua **vida** mude de acordo com as suas aspirações, **você** deve desenvolver a capacidade de se sentir agora como se **você** já tivesse a **vida** com a qual sonha para amanhã. Porque o que **você** será amanhã depende de como **você** se sente hoje.

David Komsi

Exercício difícil...

...Para ser repetido muitas vezes:
Pense num aspecto da sua vida (mas não um aspecto demasiado complexo!) que esteja preocupando você. Identifique os seus sentimentos desagradáveis com relação ao aspecto em questão.
Pergunte-se como você se sentiria se esse problema fosse resolvido.
Treine sentir esse sentimento por antecipação. Mergulhe nele voluntariamente!

Por exemplo: você perdeu os seus óculos. Você está angustiado(a) e/ou furioso(a). Se você os encontrasse, seria um alívio, não seria? Então, decida ficar aliviado(a) logo a partir de agora, mesmo enquanto você ainda procura os seus óculos por todo lugar!

Ter a capacidade de escolher os seus estados de espírito permite ficar independente tanto das boas quanto das más coisas.

> Se a sua alegria de viver for independente das coisas boas, a ausência das mesmas não terá o poder de deixá-lo(a) infeliz.
>
> David Komsi

Para relaxar, responda certo ou errado às perguntas a seguir.

1. Viver com alegria estimula a imunidade. `certo` `errado`

2. Emoções negativas e positivas são contagiosas. `certo` `errado`

3. O fato de viver tanto aflições quanto alegrias demais, ao mesmo tempo, estressam o organismo. `certo` `errado`

4. A alegria de viver não se adquire de uma vez por todas – trata-se de uma disciplina de vida a ser cultivada. `certo` `errado`

5. Uma pessoa é alegre ou é morosa, não tem jeito, é uma questão de temperamento, não dá para mudar isso. `certo` `errado`

6. Estados de espírito positivos moderados são benéficos para a saúde física e emocional. `certo` `errado`

7. O álcool torna as pessoas alegres. `certo` `errado`

8. O álcool torna as pessoas depressivas. `certo` `errado`

9. A alegria de viver depende mais daquilo que temos do que daquilo que somos. `certo` `errado`

10. Ao estimular a secreção de endorfinas, a atividade esportiva provoca um efeito antidepressivo. `certo` `errado`

11. Controlar suas emoções proporciona mais felicidade do que as posses e os prazeres. `certo` `errado`

Veja a seguir as respostas do questionário: **1, 2, 3, 4, 6, 8, 10, 11 = Certo. 5, 7, 9 = Errado.** Obs.: em curto prazo, o álcool pode tornar as pessoas alegres, pois tira a inibição, mas, em longo prazo, ele as torna depressivas.

49

Receber e se deixar amar

RECEBER

<u>Muitas vezes é mais difícil receber do que dar.</u>

Para encher o tanque de um carro, deve-se abrir a tampa do reservatório de gasolina.

E você? Será que você abre a tampa para encher o seu tanque com aquilo que lhe é dado? Ou você tem medo de ficar devendo, não merecer, ser inconveniente se estiver realmente feliz, ser manipulad(a), comprad(a) etc.?

Você se autoriza a gozar das coisas boas da vida ou será que tende a se restringir, de certa forma, com relação aos prazeres do cotidiano? Preste atenção, porque o presente é agora!

50

Daqui a pouco, você não poderá mais saborear da mesma alegria a qual você já pode experimentar agora!

Exercício indispensável e que deve ser praticado sem restrição, de forma multicotidiana!

Na próxima vez em que alguém fizer alguma coisa por você (por exemplo... Dar-lhe passagem na estrada... Pois é, isso acontece!), tire um momento para respirar, desacelerar (não a velocidade do seu carro, mas sim o seu ritmo interior!) e aprecie o que lhe está sendo oferecido. Veja se você acha ou não normal ou fácil receber plenamente.

Anote aqui aquilo de que você tomou consciência.

51

SE DEIXAR AMAR

O amor nos abre para o mundo e, muitas vezes, aspiramos a esse sentimento. Porém, quando ele bate à nossa porta, não sabemos acolhê-lo. Sobretudo se já tivermos sido magoados(as) e nos tornado desconfiados(as), prudentes, fechados(as)...

E, no entanto, o amor nos deixa alegres e entusiasmados!

E você, como reage?

Aceita livremente o amor quando ele chega?

> Escolher o amor é escolher a alegria.
> — Marie Pier Charron

Amar e oferecer

AMAR

O amor é um estado interior que depende mais daquele(a) que o distribui do que do objeto de amor. Quando o amor está estabelecido com força dentro de nós, ele se traduz de forma evidente e bem espontânea por meio de atos. Dentre eles, eu gostaria de citar: a entrega livre e sem esperança de algo em troca (entrega de si, do seu tempo, das suas posses...), a preservação das coisas vivas, a aspiração a celebrar as belezas da vida, o trabalho de fazer a sua consciência evoluir...

O importante é amar por amar. Não amar por causa disso ou daquilo... O amor de que precisamos é aquele que já existe dentro de nós e que está buscando se expressar. Nós escolhemos o amor quando nos abrimos àquela parte de nós onde ele já reside. Daquele espaço emanam a beleza autêntica e uma alegria pura.

Marie Pier Charron

Uma lei universal se destaca dentre todas as outras: é a lei do ágape, do amor. Para os gregos, o ágape é o positivismo, o amor pela vida, a benevolência.

> Quando estamos apaixonados, amamos sobretudo o amor que estamos sentindo. Quando estamos apaixonados, graças ao fato de a relação nos deixar num certo estado, experimentamos diversas sensações. Essas sensações de amor existem em nós — podemos decidir **vivenciá-las a qualquer momento**
>
> David Komsi

Portanto, é possível ficar apaixonado... Mesmo sem ter ninguém por quem se apaixonar!

Exercício: reviva um instante de amor e, em seguida, projete silenciosamente esse amor em direção às pessoas ao seu redor, mesmo que você não as conheça.

Pratique esse exercício regularmente. Ele multiplicará a sua capacidade de amar.

Por fim, é óbvio que é gostoso viver o amor... Mas poucos também sabem que ele melhora igualmente a nossa saúde.

Um exemplo disso: já foi feito um estudo sobre bebês de mulheres presidiárias. Nesse estudo, certos bebês haviam ficado na prisão junto com as mães, sem receberem cuidados e higiene. Outros foram retirados das mães, mas foram beneficiados com higiene e cuidados. O exame geral daqueles bebês revelou que as crianças do primeiro grupo (as deixadas na prisão junto com as mães, mas sem cuidados) estavam com uma saúde melhor e tinham uma imunidade mais alta do que as do segundo grupo. Pode-se deduzir que o amor é um fator que favorece a saúde.

Frases para colorir

De que adianta eu ser o que sou, se isso não contribui para fazer um mundo melhor?

Toda vez que eu dou algo, eu abro espaço para receber.

Um homem cego está tentando subir num trem. Ele tem dificuldade em chegar à plataforma. Um operário se dá conta disso e larga suas ferramentas para ir ajudá-lo. Uma terceira pessoa observa a cena e fica emocionada e tocada ao perceber tanta alegria no rosto do homem cego quanto no do operário!

A gentileza do operário aumentou o bem-estar de todos, inclusive do observador.

Tente lembrar a última vez em que você ofereceu alguma coisa a alguém (pode ser tempo, atenção, um presente, uma refeição, um sorriso...).

Descreva aqui o que você fez, os seus sentimentos na hora daquela ação, as necessidades que isso satisfez para si e para a pessoa que recebeu a sua generosidade.

Em seguida, observe o que você está sentindo agora ao se lembrar daquela situação. Esse sentimento alegra a sua vida?

Se sim, veja a seguir outro exercício para você explorar:

Imagine uma surpresa que você poderia fazer a alguém, conhecido ou desconhecido, esta semana. Se essa ideia intimidar ou assustar você, tome coragem lembrando que aquele que não supera pelo menos um medo por dia não aprende a lição da vida...

Por exemplo, você poderia comprar uma flor e deixá-la na porta de um dos apartamentos do seu prédio. Ou então oferecer a um(a) vizinh(a) um prato da deliciosa sopa que você tiver acabado de preparar. Ou até fazer um elogio à vendedora que estiver servindo você no caixa de uma loja...

Depois de realizar este pequeno exercício, aparentemente insignificante, veja se você gostaria ou não de transformá-lo numa prática cotidiana e divertida. Descubra igualmente que forma mais o(a) diverte: fazer surpresas a desconhecidos ou dar atenções inesperadas aos seus entes queridos?

Se você agir com total liberdade, é provável que a felicidade de fazer uma surpresa ou agradar a alguém deixe você tão contente quanto a pessoa com quem você tiver esse impulso! Se não for o caso, cuide bem então de si mesm(a): prepare pequenas atenções e surpresas para si, paparique-se, até surgir em você a vontade de fazer o mesmo para outras pessoas.

Frases para pintar

Em todo dom é essencial dar e logo esquecer o que foi dado. Você ficará ainda mais feliz se não esperar nada em troca e não comentar nada ao seu redor.

Dentre as atitudes que figuram na página a seguir, pinte aquelas que você já tiver aperfeiçoado durante, ou antes, da sua leitura. Em seguida, escolha uma para você cultivar em especial ao longo dos próximos dias:

movimento

atenção a si
mesmo(a)

disciplina mental

atenção
ao instante
presente

audácia

respeito
do seu
ritmo

dom

receptividade

arte de criar
gavetas

cuidado com a vida

amor

descontração

transformação
de um eu devo
em eu decido

escolha dos
seus estados
de espírito

originalidade

transformação
das suas ideias
sombrias

cuidado com
o seu corpo

Trocar o culto dos bens pelo culto dos laços

> Se reuníssemos todas as tragédias que um mês de telejornal nos despeja, veríamos que todas elas provêm de uma tripla ruptura: ruptura do homem consigo mesmo, com os outros homens e com o planeta.
>
> **Patrick Viveret**

Este caderno começou explorando a importância do laço de si mesmo, consigo mesmo. Ele vai terminar falando sobre a intensidade que um laço com os outros cria nas nossas vidas.

Para convencê-l(a) disso, se necessário, vá para uma rodoviária para perscrutar os rostos das pessoas que estão se despedindo e das que estão se reencontrando. Mesmo as mais recatadas dentre elas ficam animadas. Emoções intensas tomam conta de nós quando nossos laços se interrompem ou se recriam.

Como você vivenciaria os laços com os seus entes queridos se, assim como no reencontro consigo mesmo(a), você abordasse as pessoas que lhe são queridas com a consciência do caráter sagrado do instante, como se fosse a primeira ou a última vez?

Agora é hora de a gente se separar... Eu desejo que você experimente a que ponto a arte de cultivar a sua alegria de viver permite ficar seren(a) sem calmantes, satisfeito(a) sem posses, radiante sem drogas e embriagad(a) sem beber em outra fonte, a não ser na sua própria.

E, para se despedir com uma alegria simples, veja a seguir uma última história para você meditar!

Um dia, ao nascer do sol, em plena montanha, um homem que estava caminhando encontrou um pastor de ovelhas. Ele então perguntou:

Que tempo vai fazer hoje?

Muito calmo, o pastor respondeu:

Aquele tempo que eu adoro.

O homem, querendo impacientemente uma resposta, insistiu:

Mas, então, que tempo fará exatamente?

Ainda não sei! Respondeu o pastor, jocoso...

Mas, então, como o senhor pode afirmar que vai fazer o tempo que o senhor adora? Retorquiu, com um pingo de irritação, aquele homem de mente um tanto quanto cartesiana... O pastor acrescentou: Ao longo da minha vida, eu percebi que nem sempre posso obter aquilo de que eu gosto, então eu decidi gostar daquilo que eu tenho. Essa é a razão pela qual eu tenho certeza de que vai fazer o tempo que eu adoro...

Se você tiver vontade de se aprofundar no tema da alegria de viver, consulte os Pequenos cadernos de exercícios de bienveillance envers soi-même, de Communication Non Violente (Anne van Stappen) e para Aprender a Ser Feliz (Yves-Alexandre Thalmann).

Referências, fontes e citações

ANDRÉ, C. *Les états d'âme*. Paris: Odile Jacob, 2009.

CHARRON, M.P. [Disponível em www.matinmagique.com]

DEL MARMOL, G. *Tomber plus haut*. Mônaco: Alphée, 2009.

D'ERM, P. *Vivre plus lentement*. Paris: Ulmer, 2010.

[Ensinamentos de Gurumayi Chidvilasananda.]

KOMSI, D. *Les sept clés du bonheur*. Paris: Solar, 2009.

_____. [Disponível em www.davidkomsi.com]

VAN STAPPEN, A. *Petit cahier d'exercices de Communication NonViolente®*. Genebra: Jouvence, 2010.

_____. *Ne marche pas si tu peux danser*. Genebra: Jouvence, 2009.

VIVERET, P. *Pourquoi ça ne va pas plus mal?* Paris: Fayard, 2005.

Agradecimentos

Eu gostaria de agradecer a todas as fontes citadas aqui, em especial Christophe André, Marie Pier Charron, Gurumayi Chidvilasananda, David Komsi e Patrick Viveret pelo dinamismo com o qual eles preenchem a minha vida, insuflando nela chaves de alegrias duradouras. A sabedoria deles enriqueceu extremamente diversos temas deste caderno. A forma como eu a usei, fazendo uma fusão e integração com ela, não me permitiu citá-los toda vez, mas minha gratidão pelo inspirador trabalho desses autores é imensa. Eu recomendo com entusiasmo a leitura dos textos deles.

Acesse a coleção completa em

livrariavozes.com.br/colecoes/caderno-de-exercicios

ou pelo Qr Code abaixo